Alphabet Letter Tracing
Coloring Book

For Alligator

Aa

A

A

a

a

This Book Belongs to:

For Alligator

Aa

A

A

a

a

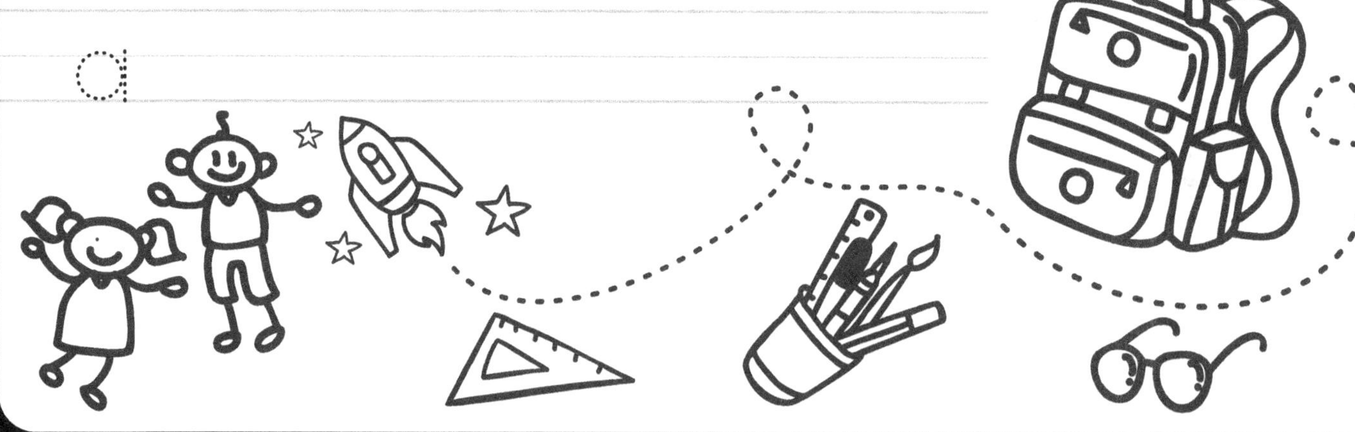

For Bird

Bb

B

B

b

b

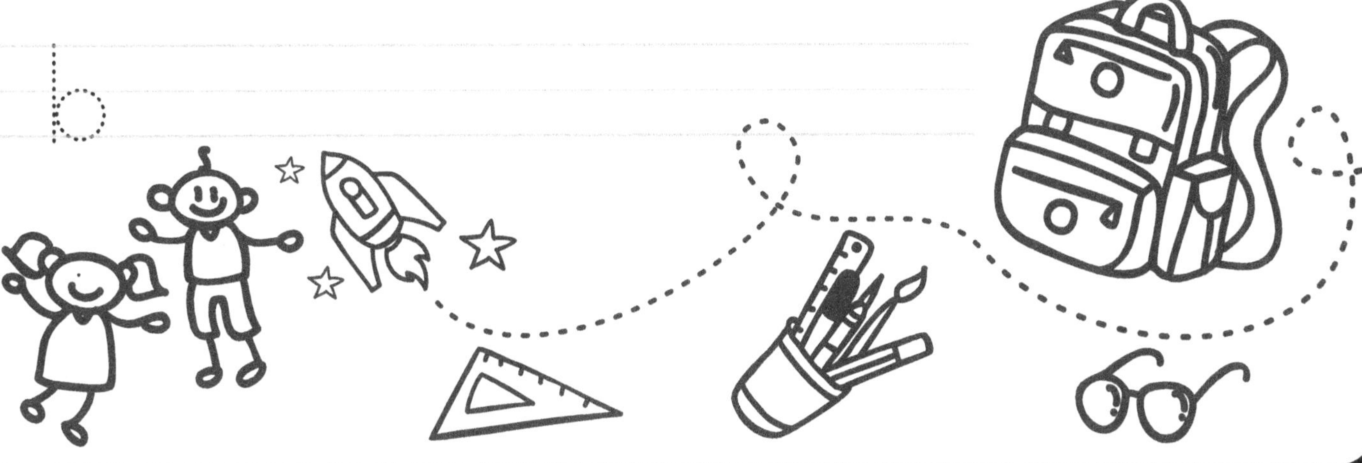

For Crow

For Dolphin

Dd
D
D
d
d

For Elephant

E e

E

E

e

e

For Fly

F f

F

F

f

f

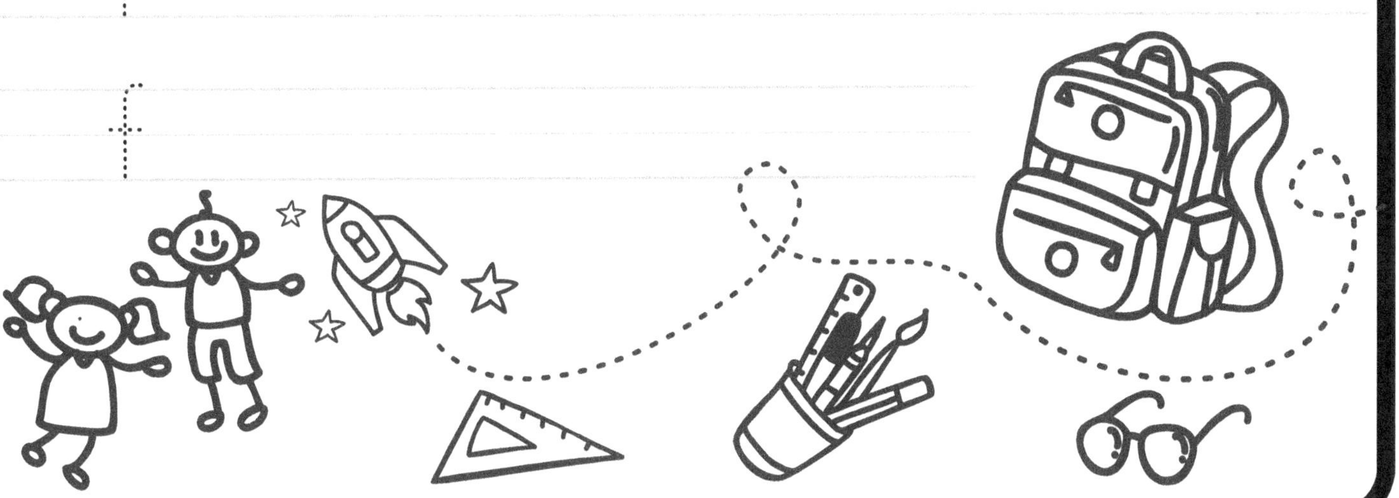

For Giraffe

G g

G

G

g

g

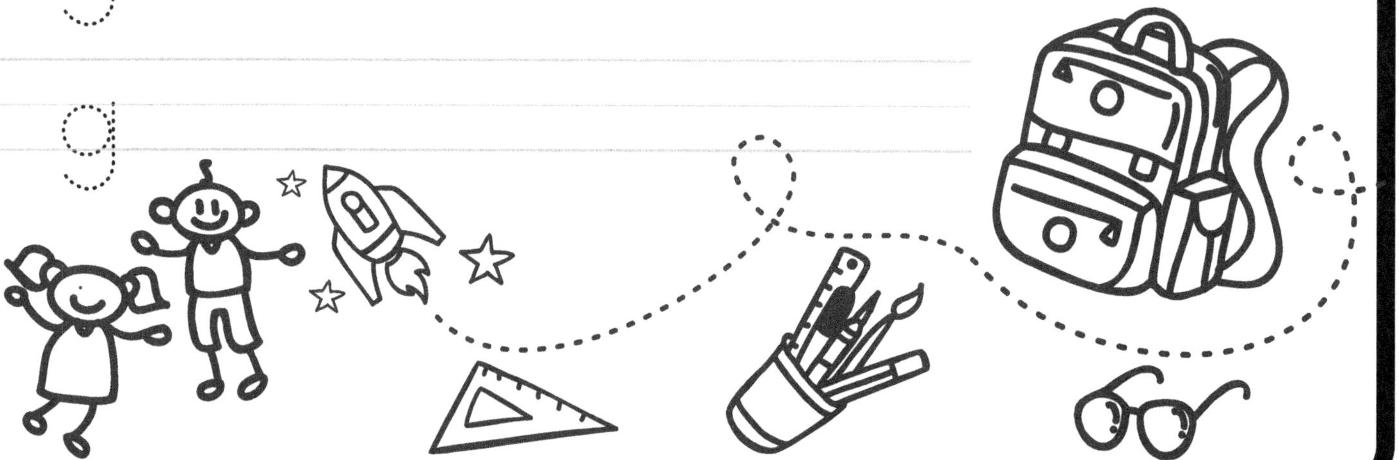

For Horse

Hh

H

H

h

h

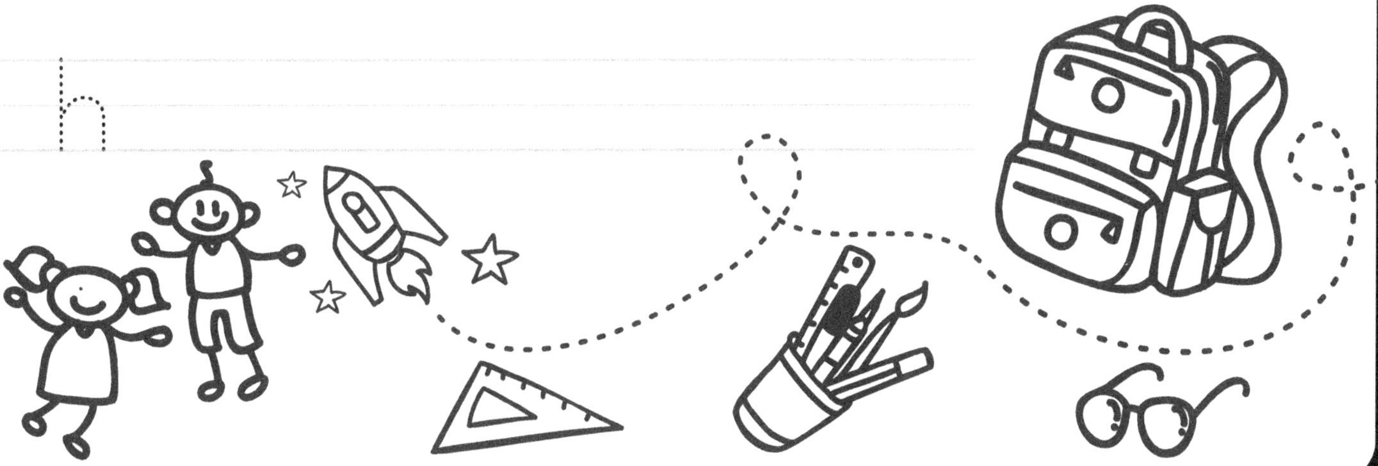

For Iguana

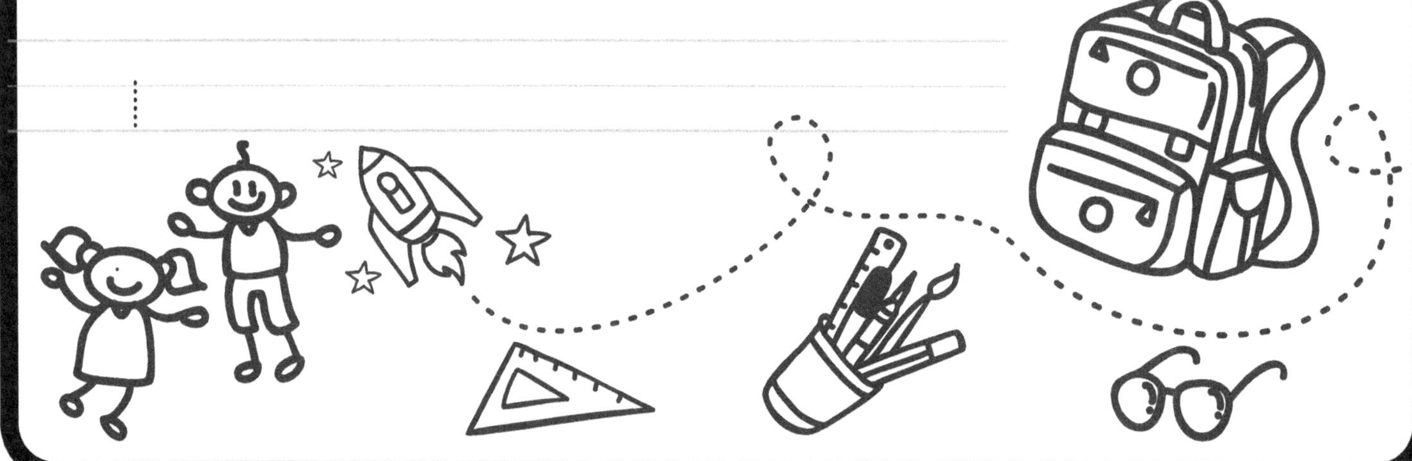

For Jaguar

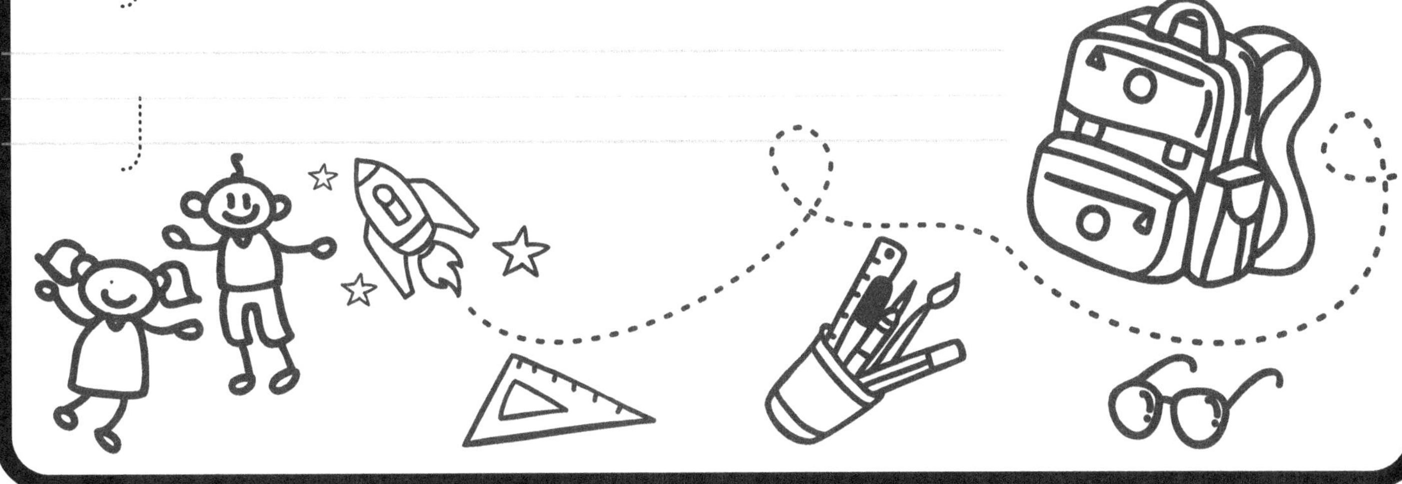

For Kangaroo

K k

K

K

k

k

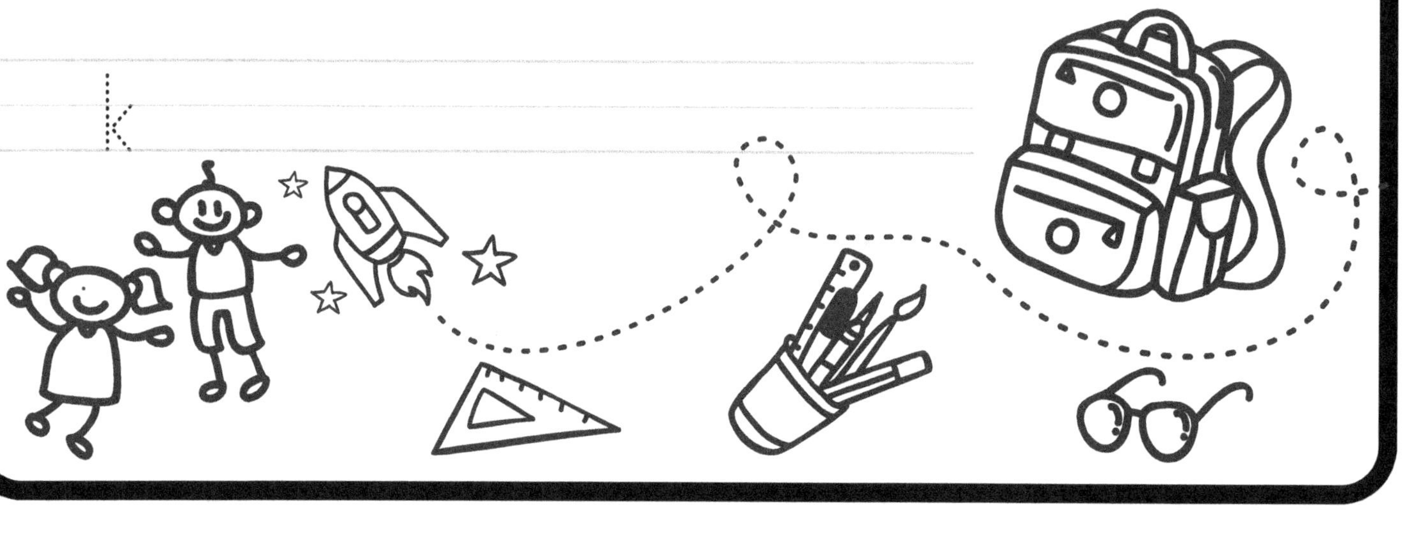

For Llama

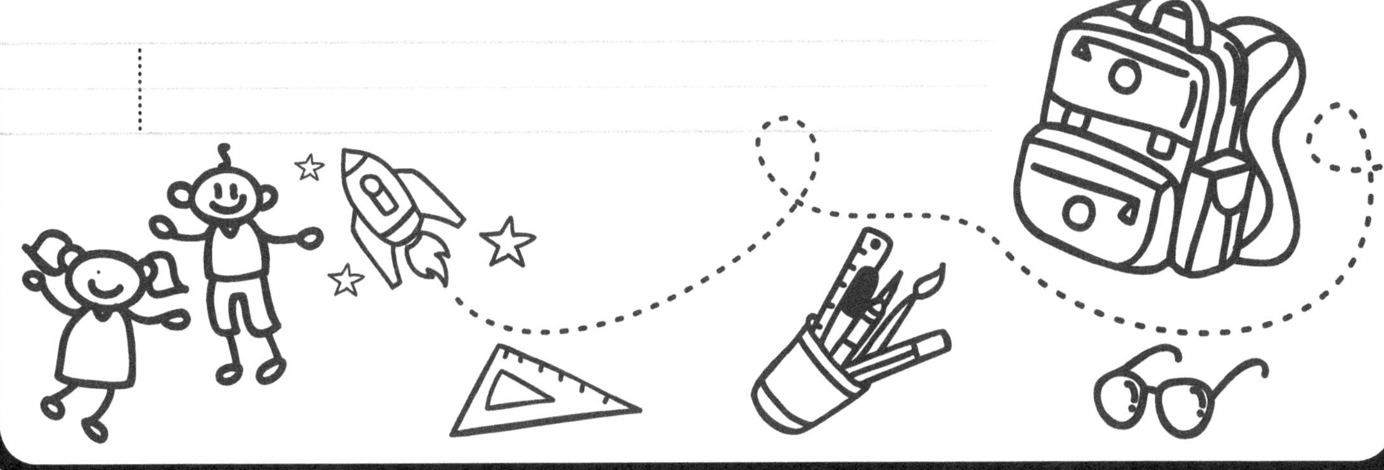

For Monkey

Mm

M

M

m

m

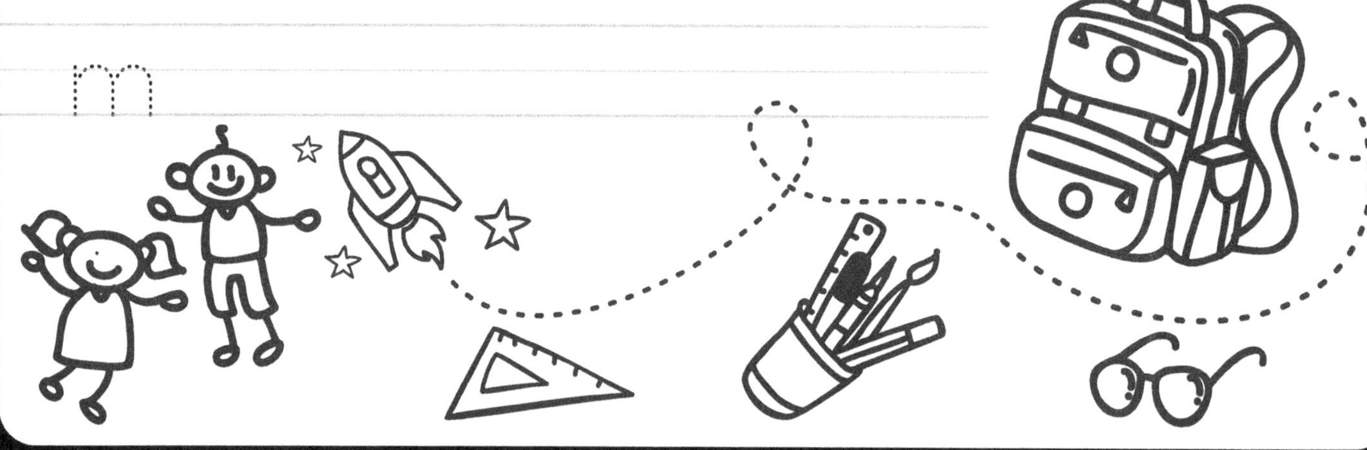

For Numbat

Nn

Nn

Nn

Nn

Nn

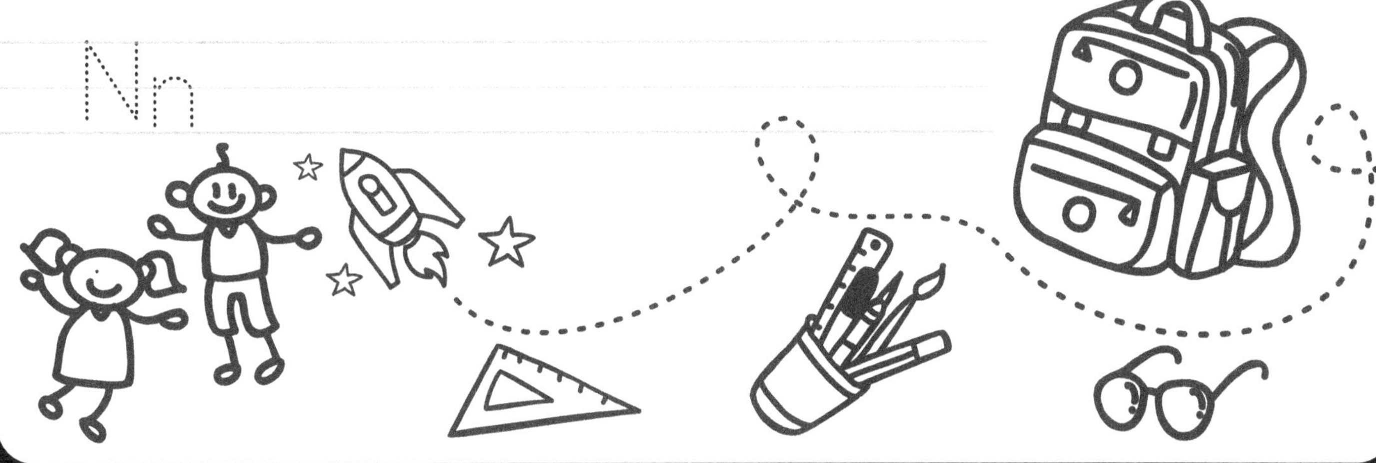

For Octopus

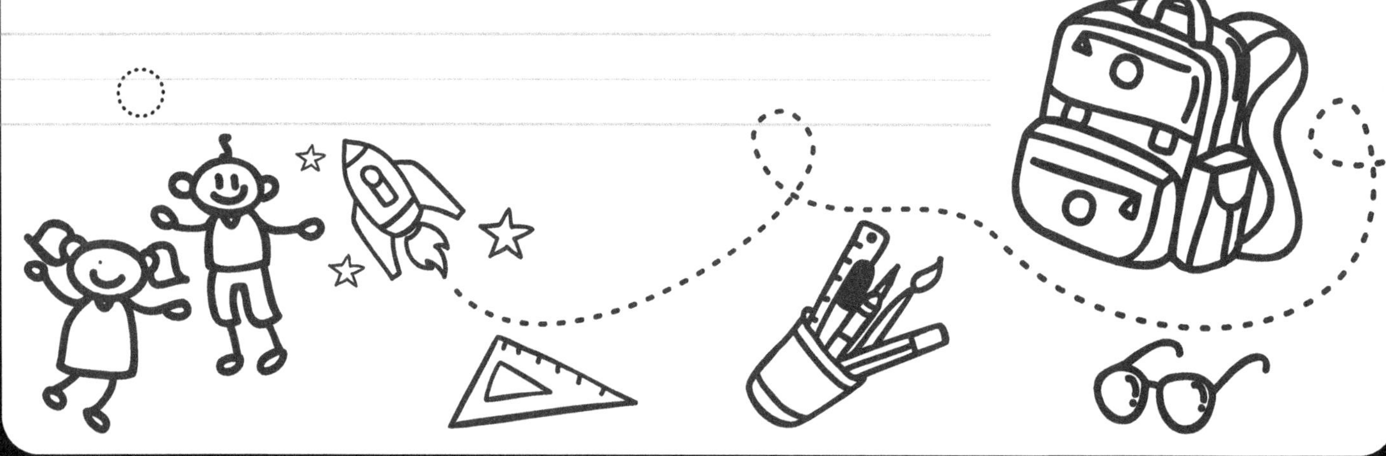

For Penguin

Pp

P

P

p

p

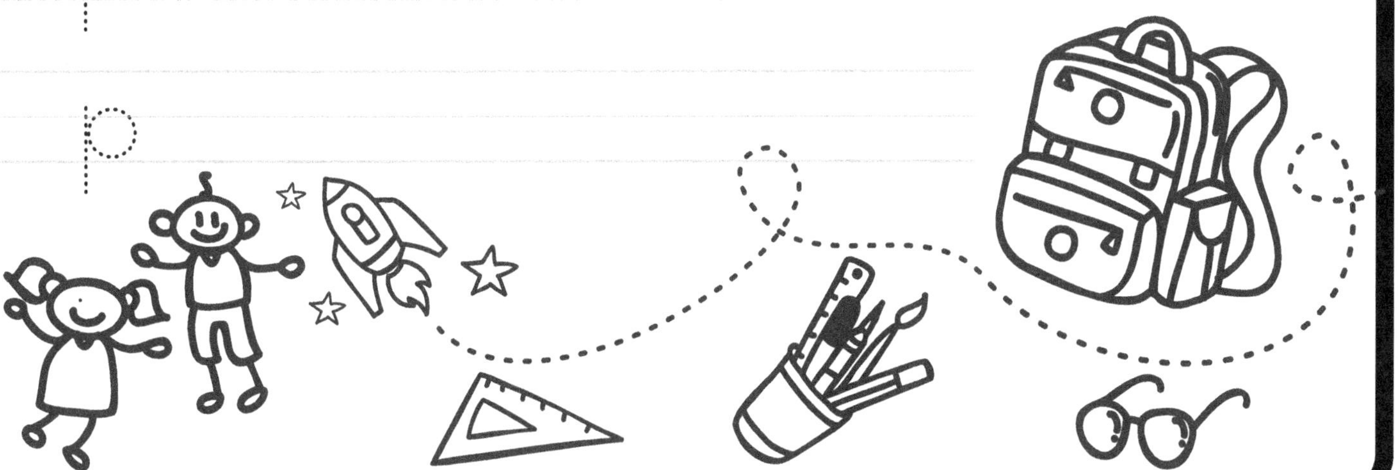

For Quail

For Rabbit

Rr

R

R

r

r

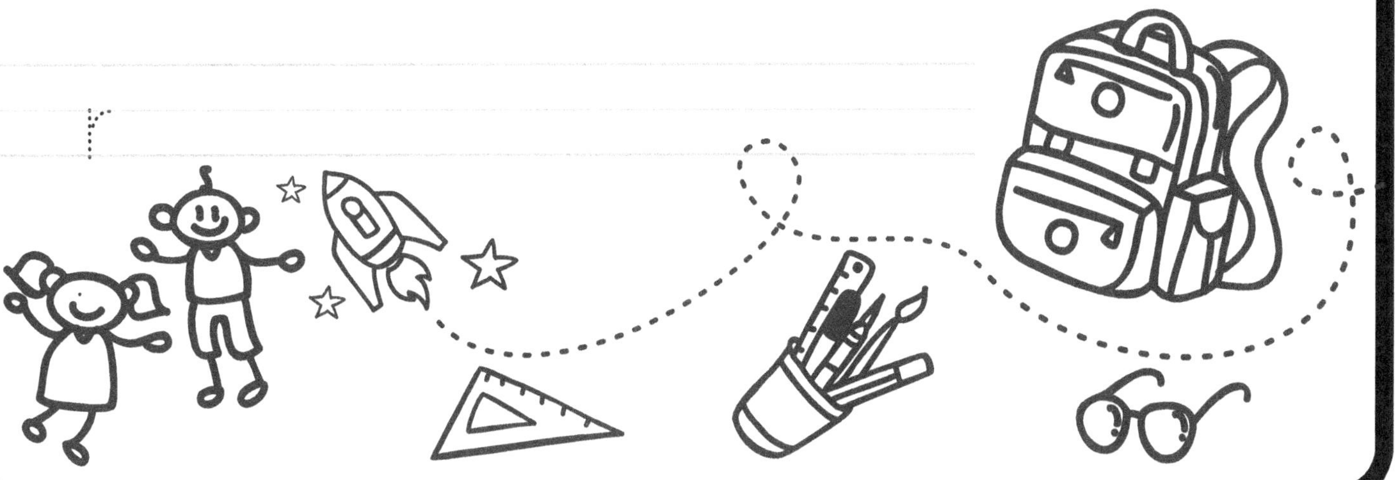

For Squirrel

S s

S

S

s

s

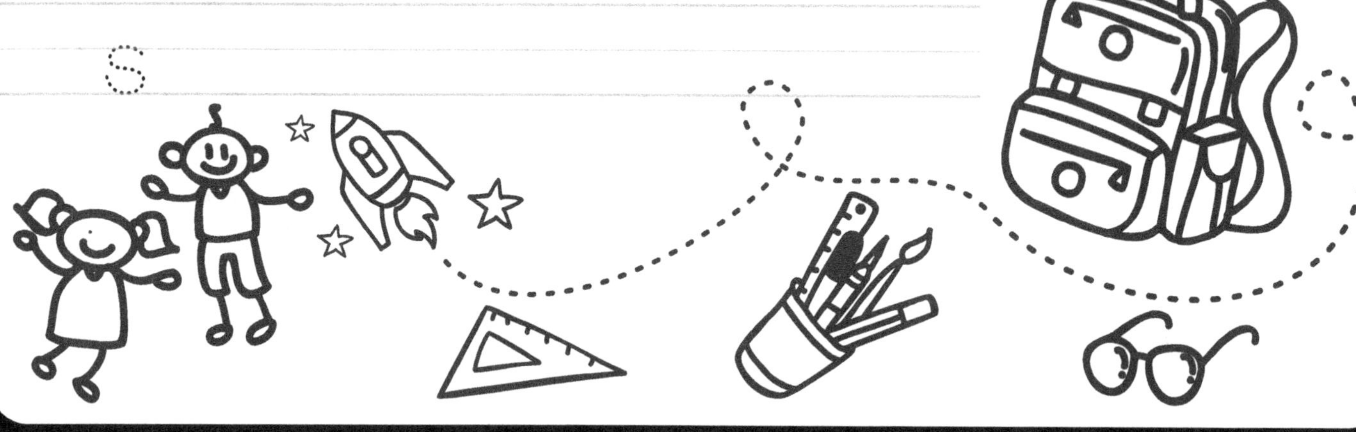

For Turtle

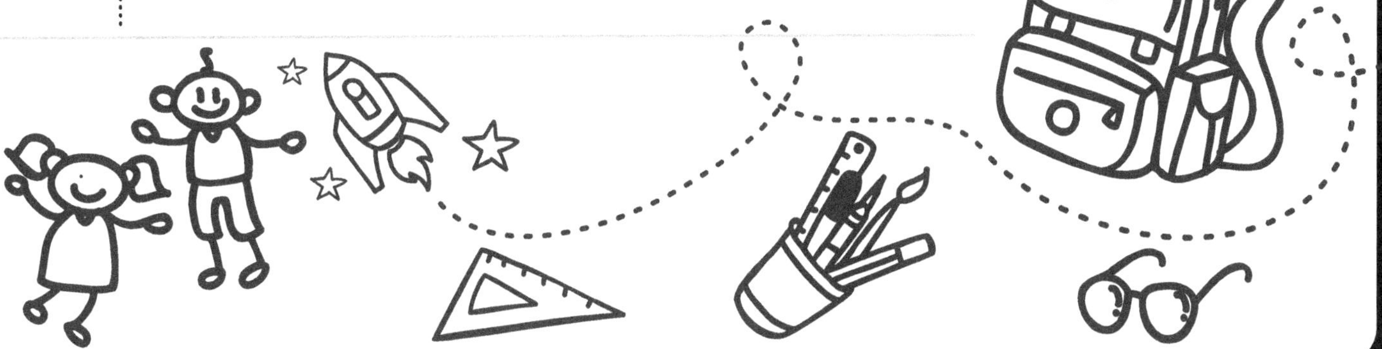

For Unicorn

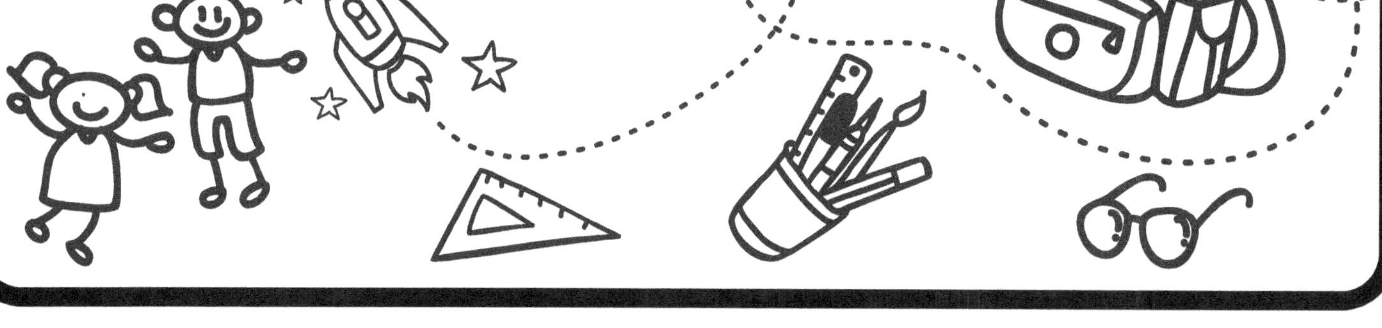

For Vulture

For Woodpecker

Ww

W

W

w

w

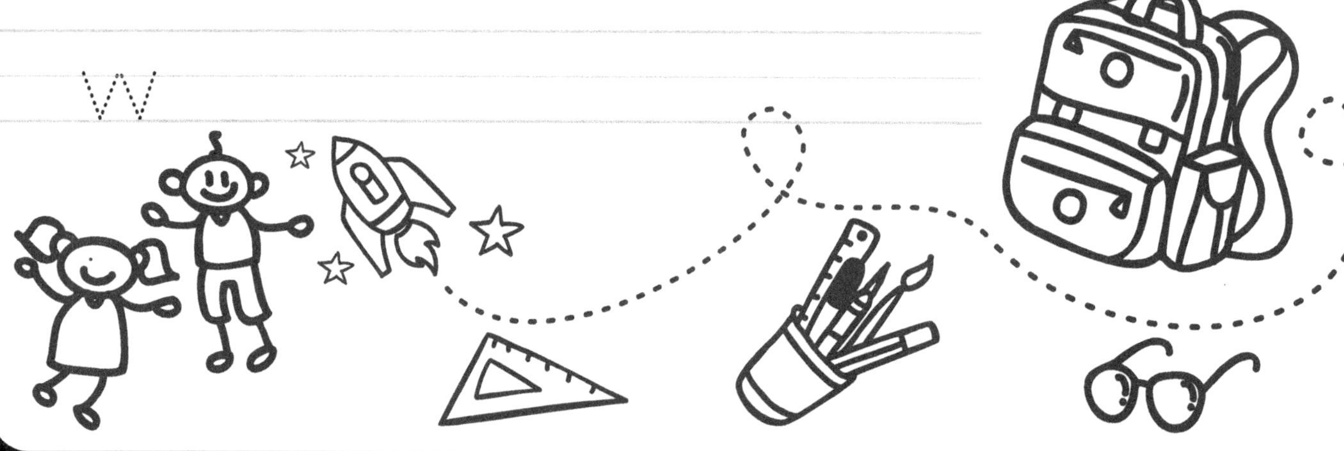

For Xiphias

For Yak

Y y

Y

Y

Y

Y

For Zebra

Z z

z

z

z

z

A
For Alligator
Aa
A
A
a
a

B
For Bear
B b
B
B
b
b

C
For Cow
Cc

D

For Deer

Dd

D

D

d

d

E

For Elephant

E e

E

E

e

e

F
For Fox

Giraffe
For Giraffe
G
g
G
g

H
For Hedgehog
Hh
H
H
h
h

For Iguana

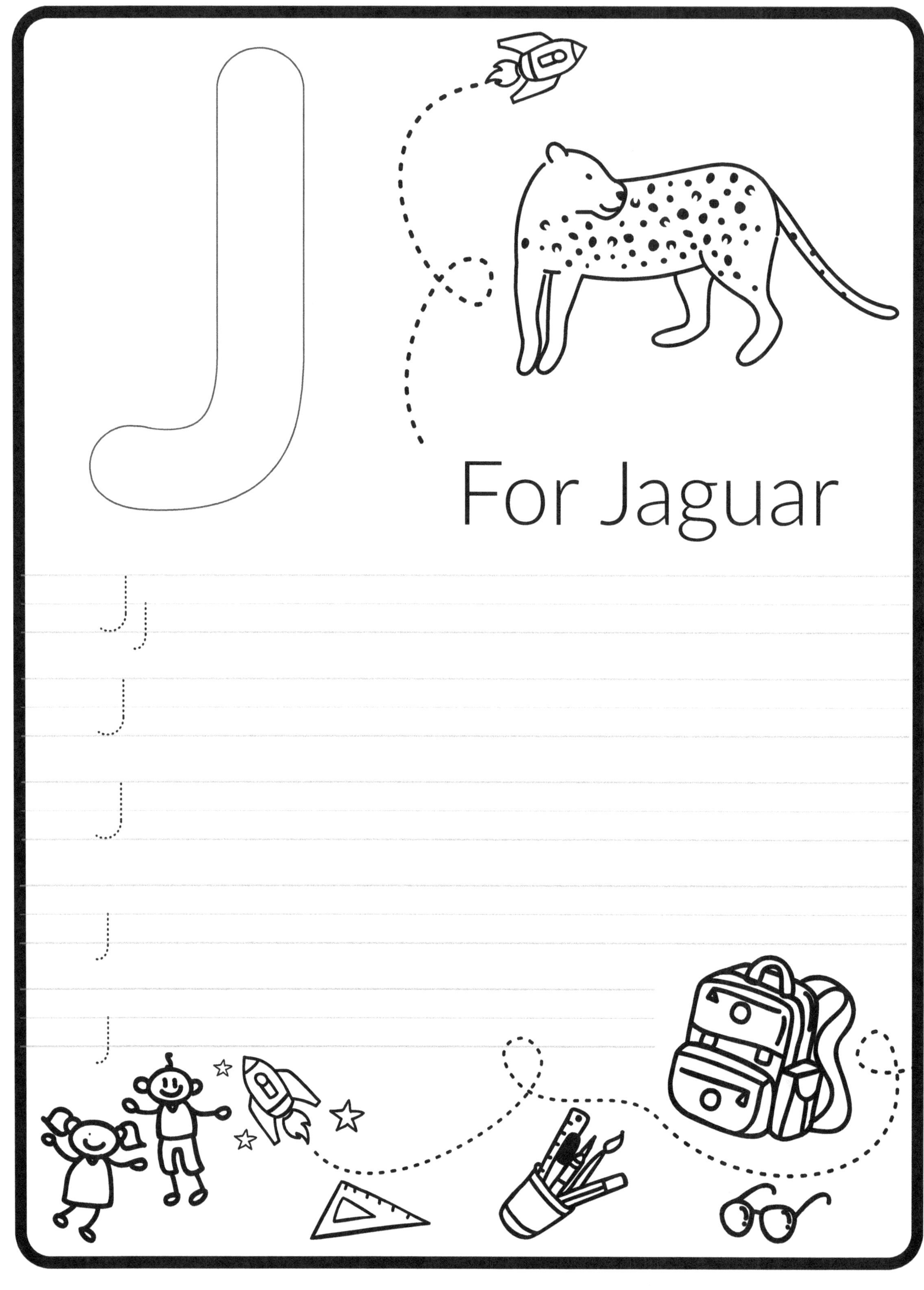

J

For Jaguar

K

For Koala

Kk

K

K

k

k

For Lion

M

For Mouse

M m

M

M

m

m

N

For Narwhal

Nn

Nn

Nn

Nn

Nn

Nn

O

For Owl

For Pig

Q

For Quail

R
For Rhino
Rr
R
R
r
r

S
For Squirrel
Ss
S
S
s
s

T
For Turtule

U

For Unicorn

For Vampire

W

For Wolf

Ww
W
W
W
W

X

For X-ray Fish

For Yak

Z
For Zebra

A
For And
Aa
A
A
a
a

B

For Bumblebee

C
For Cockroach

D
For Dragonfly
Dd
D
D
d
d

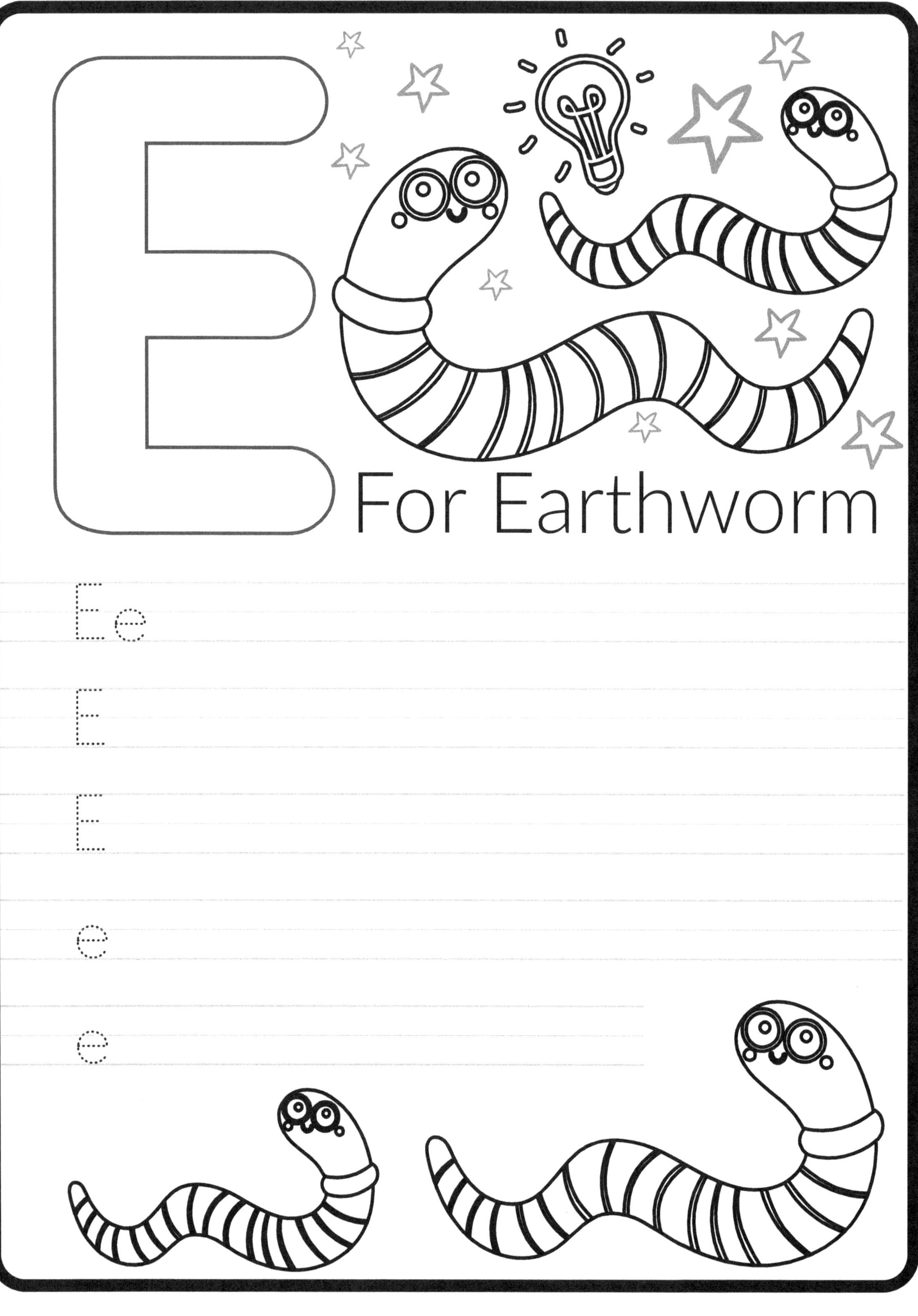

E

For Earthworm

Ee

E

E

e

e

For Firefly

G
For Grasshopper
Gg
G
G
g
g

For Hummingbird
Hh
H
H
h
h

For Inchworm

J

For June bug

K

For Katydid

K k

k

k

k

k

L
For Ladybug

M

For Mosquito

M m

M

M

m

m

N
For Netwing
Nn
Nn
Nn
Nn
Nn

O
For Owlfly

P

For raying mantis

P p
P
P
P
P

Q
For Queen bee

For Rhino beetle
Rr
R
R
r
r

For Snail

Ss
S
S
s
s

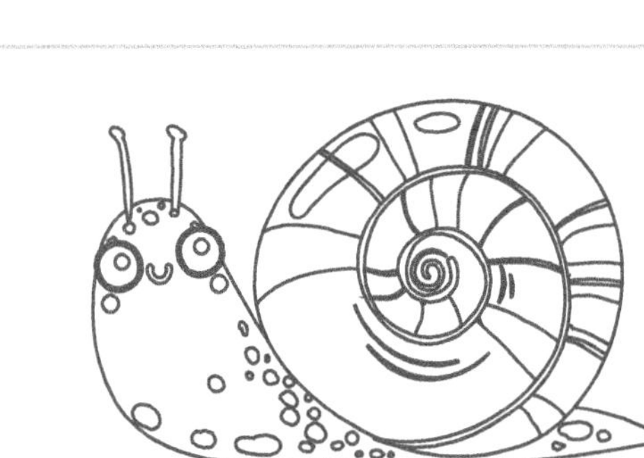

T

For Threelined

For Underwing

For Velvet ant

W
For Walking stick
Ww
W
W
w
w

X

For Xerces

X x

x

x

x

x

For Yellow harlequin bug

Y y

Y

Y

y

y

Z
For Zebra butterfly
Zz
z
z
z
z